V. NADAL

Le Château de Chambord

Guide Descriptif

Historique et Artistique

Contenant de belles vues en simili-gravure
et plusieurs motifs d'architecture

Le Château
de Chambord

V. NADAL

Le Château de Chambord

Guide Descriptif, Historique et Artistique

CONTENANT DE BELLES VUES EN SIMILI-GRAVURE ET PLUSIEURS MOTIFS D'ARCHITECTURE

BLOIS

CHEZ TOUS LES LIBRAIRES

Le Château de Chambord

Itinéraire

On se rend de **BLOIS** à **CHAMBORD** :

1° En *voiture particulière :* une demi-journée : **12 fr.** (35 kilomètres, aller et retour) ; une journée : **25 fr.**, par le château de **BEAUREGARD** (commune de Cellettes), le château de **CHEVERNY** (commune de Cheverny), (55 kilomètres, aller et retour).

2° A *pied* ou à *bicyclette :* 16 kilomètres : Avenue de Saint-Gervais (faubourg de Vienne) ; au bas de la côte de Saint-Gervais, 1,500 mètres du pont, tourner à gauche, on laisse **VINEUIL** à gauche, on traverse le **CHITEAU, HUISSEAU-sur-COSSON,** ou bien 19 kilomètres par la levée, rive gauche de la Loire, on passe aux **NOELS, MONTLIVAULT** et **MASLIVES.**

3° En *chemin de fer* (ligne de Paris) juqu'à **MENARS**, première station de Blois, (visiter le château) et de là traverser la Loire sur un bac, **MASLIVES, MONTLIVAULT**, arrivée à **CHAMBORD** (10 kilomètres), par la façade Nord.

4° En *tramway*, ligne de *Blois à Lamotte-Beuvron ;* on passe à **VINEUIL**, le **CHITEAU, MONT**, descendre à **BRACIEUX** (7 kil. de **CHAMBORD**).

ITINÉRAIRE

Par la Rive Gauche de la Loire

On quitte la Gare de **BLOIS**, en suivant l'Avenue de la Gare, remarquer à gauche le pavillon dit : **BAINS de CATHERINE DE MÉDICIS**, en face, à droite le **CHATEAU DE BLOIS**, à gauche l'église **SAINT-VINCENT**, prendre la rue Porte-Côté et la rue Denis-Papin, à gauche on aperçoit l'**ESCALIER MONUMENTAL**, avec la statue **DENIS-PAPIN**. A l'extrémité du pont à l'entrée du faubourg de Vienne, les deux routes de Blois à Chambord se bifurquent. A gauche on remonte la Loire en passant sur une *levée* destinée à contenir le fleuve dans son lit. Cette levée fut construite par Louis le Débonnaire (820) ; sa forme actuelle date de Philippe le Bel ; elle a été plusieurs fois rompue par les eaux. On aperçoit à gauche **LA CHAUSSÉE-SAINT-VICTOR**, puis le viaduc du chemin de fer de Romorantin, **SAINT-CLAUDE, SAINT-VICTOR**, (1.200 habitants), **SAINT-DENIS** (sources ferrugineuses abandonnées), un peu plus loin le château de **NOZIEUX**. En face, le château de **MÉNARS**. On tourne à droite, **MONTLIVAULT** (900 habitants). Déjà on aperçoit la belle silhouette du château de Chambord ; prendre à gauche **SAINT-DYÉ-SUR-LOIRE** (1.000 habitants), belle église de la Renaissance, **MASLIVES** (540 habitants).

CHATEAU DE CHAMBORD (FAÇADE SEPTENTRIONALE)

Description

∵ ∵ ∵

Le **Château de Chambord** est situé au bord de la Sologne, au milieu d'un parc de 5,525 hectares de bois et de terres, fermé d'une muraille de 32 kilomètres, percée de six portes avec pavillons des gardes forestiers; le *Cosson* le traverse de l'Est à l'Ouest et, dans son étendue ombragée de 4,000 hectares de bois, on rencontre un village et six fermes.

Suivant les plus anciens et les meilleurs documents, le **Château de Chambord** a été construit de 1519 à 1525, sous la conduite de *Denis Sourdeau*, puis de 1525 à 1538, sous la direction de *Pierre Neveu* dit *Trinqueau ;* il a été terminé vers 1550 par *Jacques Coqueau*, tous les trois maîtres-maçons du Roi.

Le **Château de Chambord** était, à l'origine, une maison de plaisance et de chasse des comtes de Blois. Acquis avec le comté de Blois par Louis d'Orléans, frère de Charles VI et réuni à la couronne par Louis XII, il a conservé le caractère du château-fort, commandant le respect, imposant la crainte, et le caractère agréable de la *Renaissance* par l'application des nouveaux et riches détails décoratifs et des terrasses.

Dix-huit cents ouvriers furent employés consécutivement aux travaux de Chambord pendant plus de douze ans; François Ier y dépensa 444,570 livres, 14 sous, 4 deniers tournois.

« L'aspect général de Chambord (1), lorsqu'on l'aperçoit de loin, a quelque chose de véritablement fantastique : cet amas de flèches, de tourelles, de cheminées, qui dominent le monument et se mêlent sans se confondre, est ce qui frappe d'abord. La simplicité des lignes, les saillies des tours, la symétrie et la noblesse de l'ordonnance générale se développent à mesure que l'on s'approche... La disposition des bâtiments forme un carré long de 156 mètres (80 toises) sur 117 mètres (60 toises), dont les angles sont flanqués de quatre grosses tours de 19 mètres 50 centimètres de diamètre. Un second édifice, moins grand, aussi de forme carrée, et flanqué également de quatre grosses tours, à toit pointu et terminé par une lanterne, est entouré en partie par les bâtiments du premier, et leurs deux façades du côté Nord se confondent en une seule, que les quatre tours qui s'y rencontrent partagent en trois parties à peu près égales. Ces constructions, dont le développement est immense, étaient jadis entourées de fossés d'eau vive, alimentés par le *Cosson;* ils ont été comblés par le roi de Pologne, STANISLAS, pendant son séjour à Chambord, ce qui enlève au château un peu de

(1) *Le Château de Chambord*, par DE LA SAUSSAYE, 13e édition, Blois.

sa physionomie originale et détruit la légèreté des bâtiments en les enterrant de plusieurs mètres. »

Chambord est un château gothique habillé à la mode de la Renaissance (LOISELEUR).

Il est difficile d'expliquer par quelle fantaisie François Ier à tenu à cacher, au milieu d'un désert, la merveille d'architecture qu'il rêvait. Pour dérober aux indiscrets une intrigue galante, pour abriter un rendez-vous de chasse, tant de luxe était plus qu'inutile ; c'est probablement parce que **Chambord** ne pouvait ressembler à aucun autre château, que le roi voulut en faire une résidence exceptionnellement et follement somptueuse.

Charles-Quint vint à **Chambord**, en 1539, passer quelques jours pour s'y livrer au plaisir de la chasse.

En ce temps, quand François Ier quittait le château de **Blois** pour celui de **Chambord**, il s'écriait joyeusement : « *Allons chez moi* ». Sa prédilection marquée peut avoir sa cause dans l'amour qu'il avait pour la *comtesse de Thoury* qui habitait un château près Chambord.

Il fit transporter la bibliothèque du château de Blois (1839 volumes) à Chambord et certains meubles d'une grande richesse. C'est là qu'il se plaisait à conduire sa sœur, la reine de Navarre, sa *Marguerite des Marguerites*, comme il l'appelait.

A la mort de François Ier, Henri II qui hérita de tous ses goûts, continua les travaux de Chambord sur les mêmes plans. Le traité secret conclu avec les princes allemands détachés du parti de Charles-Quint y fut **ratifié le 16 Janvier 1552.**

C'est à Chambord que Charles IX força un cerf à course de cheval sans le secours de chiens.

Charles IX continua les embellissements de Chambord, tandis que Henri III et Henri IV ne l'habitèrent pour ainsi dire pas. Le pudique Louis XIII y vint. A-t-il réellement pris une pincette pour aller chercher un billet, d'autres disent un volant, parmi les dentelles de la gorgerette d'une demoiselle d'honneur, *Mlle de Hautefort ?*

Sous Louis XIV, Chambord eut un moment de splendeur. *Molière*, en présence de la Cour, y donna (1669 et 1670) les premières représentations de *M. de Pourceaugnac* et du *Bourgeois gentilhomme*. C'est malheureusement à ce moment que Louis XIV fit couper, par *Mansard*, l'entablement de la corniche de la terrasse et installer la disgracieuse toiture qui dépare ce magnifique édifice.

Le château fut habité (1725-1733) par *Stanislas Leczinsky*, roi de Pologne, qui en fit combler les fossés ; après le départ de ce roi, le *maréchal de Saxe* reçut le château en apanage (1748), il y conduisit sa Cour, deux régiments de hulans et la troupe de *Favart*.

Jusqu'en 1793, Chambord connut les illustrations des lettres et la gloire des armes ; mais à ce moment le district ordonna la vente du mobilier. Tout fut démoli, chambranles, lambris, parquets, panneaux, etc. Il ne reste de cette profanation que la pierre de liais sur laquelle fut embaumé le corps du maréchal de Saxe.

Napoléon Ier le sauva d'une ruine presque certaine en y installant *la 15e cohorte de la Légion d'honneur*, puis il le donna au *général Berthier*, prince de

Wagram, avec une dotation de 500,000 francs destinée aux réparations ; ce dernier se borna à faire couper et vendre tous les bois, à toucher la rente, et à faire appliquer une couche de chaux encore visible, sur les murs et boiseries de l'intérieur.

Sa veuve (1820) obtint de Louis XVIII l'autorisation de vendre ce beau domaine, non sans de grandes difficultés, car la condition la plus expresse de la dotation, de rendre au château son ancienne splendeur, n'avait pas été remplie et le cas de retour à la Couronne ayant été prévu par le décret.

La bande noire s'apprêtait à démolir le château, lorsqu'une pensée de M. le comte *Adrien de Calonne* sauva l'œuvre des Valois.

Une souscription nationale fut ouverte à l'effet d'offrir, malgré l'opposition de *Paul-Louis Courier*, le château au duc de Bordeaux au nom de la France. Il fut acheté 1,542,000 francs.

Mme la duchesse de Berry posa ensuite la première pierre de la restauration de Chambord (1828), sur la terrasse de l'**Oratoire** ; malheureusement les événements politiques qui se préparaient devaient renverser le projet de M. Pinault, alors architecte du château.

En réalité, le château, don de la France royaliste, était une ruine ; il fallait qu'il fit retour aux enfants de Henri IV et de Louis XIV pour que les artistes pussent voir entreprendre la restauration de ce superbe monument.

Par un testament du 4 juin 1883, *M. le comte de Chambord* le transmit à ses neveux, les deux fils de sa **sœur :**

1° ROBERT-CHARLES-MARIE DE BOURBON, duc de Parme et de Plaisance, né le 9 Juillet 1848 ;

2° HENRI-CHARLES DE BOURBON, comte de Bardi, né le 12 février 1851.

Ces deux princes se sont toujours tenus à l'écart de la politique française ; connaissant les sentiments de leur oncle, son affection pour le domaine et les habitants, ils poursuivent sans arrière-pensée, et à leurs frais, la restauration de Chambord, la fleur de la Renaissance, le bijou de la Sologne !

CHATEAU DE CHAMBORD (FAÇADE MÉRIDIONALE)

Visite du Château

∵ ∵ ∵

FRANCHISSONS le côté Sud (**Entrée Royale**) dont la travée a été remplacée par une autre en classique romain du plus triste effet. Adressons-nous au concierge (Rétribution). Ce premier corps de bâtiment formait les magnifiques **terrasses** du château, recouvertes malencontreusement par *Mansard* pour loger la suite très nombreuse de Louis XIV; on voit que les belles corniches sculptées ont été coupées au droit des croisées pour l'éclairage des nouveaux entresols. ([1])

Pénétrons dans la **Cour d'honneur** déblayée en 1898, restituant ainsi leur beau soubassement aux façades intérieures; nous plaçant en face du **Donjon** qui renferme l'*horloge*, nous avons à gauche *(côté Ouest)* les bâtiments d'**Henri II** et à droite *(côté Est)* les bâtiments **François Ier**. Remarquer la galerie supportée par des

---

(1) **La porte d'entrée et les mansardes seront bientôt restaurées).**

arcades qui fait communiquer le **donjon** aux ailes et les deux escaliers à jour. Ces escaliers sont décorés de trois ordonnances de colonnes, surmontées de trois cariatides soutenant une coupole ceinte d'une couronne royale colossale et au-dessus de laquelle s'élèvera, comme jadis, une lanterne de pierre terminée par *une fleur de lys*. (La **tour Robert**, aile François Ier, a été restaurée en 1889.) Les trois colonnes en faisceau qui soutiennent les voûtes des coupoles sont d'un effet très gracieux. Les travaux de Chambord furent abandonnés avant que les caissons des voûtes, dont la décoration aurait été, d'après le plan général, composée de *Salamandres* (1) et de **F** *couronnés* (côté droit, Est), de *Croissants* et d'**H** *couronnés* (côté gauche, Ouest).

On a dit que les cariatides de l'escalier de la **tour Robert,** côté Est, offraient des traits de François Ier, de la duchesse d'Étampes et de la comtesse de Châteaubriant et que celles de l'escalier de la cour de l'Ouest restées inachevées, devaient représenter Henri II, la duchesse de Valentinois et la reine Catherine de Médicis dont la place aurait été singulièrement choisie à

(1) On sait que la *Salamandre* était la devise adoptée par François Ier (Voyez Cl. PARADIN, *Devises Héroïques*, édit. 1621, page 14) :

« La Salamandre avec des flammes de feu, estoit la deuise du feu noble et magnifique Roy François, et aussi auparauant de Charles, comte d'Angoulesme, son père. Pline dit que tel bestion, par sa froidure, esteint le feu comme glace, autres disent qu'il veut viure en iceluy, et la commune voix qu'il s'en paist. Tant il y a qu'il me souvient auoir veu vne médaille en bronze dudit feu Roi, peint en ieune adolescent, au reuers de laquelle estoit ceste deuise de la Salemandre enflammée, avec ce mot italien : *Nudrisco il buono, et spengo (stingo) il reo*. (Je nourris le bon et j'éteins le méchant.) »

Le propre de la Salamandre est non-seulement de vivre dans le feu et de s'en nourrir, mais encore de l'éteindre (Le P. BOUHOURS).

côté de la maîtresse du roi. On reconnaîtra qu'au lieu de deux statues de femme sur l'escalier François Ier, il n'y en a qu'une, ses traits ne ressemblent pas à la duchesse d'Étampes ou à la comtesse de Châteaubriant; les deux autres statues représentent deux hommes portant la barbe telle qu'on la portait sous François Ier, mais ne rappellent en rien la figure de ce roi.

L'escalier *Henri II* n'a jamais été terminé. (1)

(1) Nous engageons nos Lecteurs désireux de posséder des renseignements complets sur notre département, notamment sur les Châteaux de **Blois, Chambord, Ménars, Chaumont, Beauregard, Cheverny, Vendôme, Lavardin, Trôo,** *etc., de vouloir bien consulter notre* GUIDE ILLUSTRÉ DE 16 GRAVURES, CARTE ET PLAN DU **TOURISTE EN LOIR-ET-CHER,** *vendu dans toutes les librairies, au prix exceptionnel de* **1** fr. **50**.

CHATEAU DE CHAMBORD (LA LANTERNE)

Le Donjon, la Lanterne et les Terrasses

∵ ∵ ∵

GRIMPTONS quelques marches, pénétrons dans le **donjon** qui est le morceau le plus important de Chambord. Le **donjon** est divisé en quatre ailes par quatre **salles des gardes,** en forme de croix grecque (13 mètres de long sur 10 mètres de largeur chacune). Au milieu est le grand escalier à double vis, vrai chef-d'œuvre de l'art, par sa hardiesse, ses belles proportions et la variété de ses détails ; la distribution de ses doubles rampes permet à plusieurs personnes dont les unes montent et les autres descendent de ne pas se rencontrer.

« L'escalier de Chambord, dit LOISELEUR, est à lui seul un monument. La cage, complètement isolée et tout à jour, est composée de pilastres qui suivent le rampant. Deux rampes superposées se déroulent en hélices et passent alternativement l'une sur l'autre, sans se réunir. C'est ce qui explique comment deux personnes peuvent monter en même temps, sans se rencontrer, tout en s'apercevant par intervalles. Même quand on l'a sous les yeux, cette disposition est difficile à concevoir. Ces deux hélices ont exactement la courbe de deux branches d'un tire-bourre, qui se superposent et tournent l'une sur l'autre, sans jamais se réunir. Nous croyons qu'aucune comparaison ne peut donner une idée plus exacte de cette œuvre célèbre, qui a épuisé l'admiration et les éloges de tous les connaisseurs. »

Nous l'examinerons du deuxième étage. Disons que chaque tour du **donjon** renferme aussi un escalier à vis, de trois mètres de diamètre, qui communique aux étages et entresols au nombre de neuf.

Rien n'était plus gracieux et plus original dès l'origine que le grand escalier, car les quatre grandes salles qui l'entourent n'étaient pas séparées jusqu'aux terrasses par les planchers qui, actuellement, le coupent d'une façon désagréable ; les voûtes avaient alors vingt mètres d'élévation.

Toutefois ces planchers ont été mis de bonne heure ; le style des raccords fait voir qu'ils ont été exécutés du vivant même de François Ier, parce que l'on craignait pour la solidité de l'édifice et aussi pour les besoins de la Cour très nombreuse à Chambord. (1)

Remarquer l'ancienne lanterne, côté N.-E. dont les vieilles pierres ont été descendues avec soin et remontées en 1891 sous la direction de *MM. Desbois père et*

---

(1) En 1860, de grandes dépenses ont été faites à Chambord sous l'inspiration de M. Joachim BARRANDE, ancien ingénieur des Ponts et Chaussées, ancien précepteur et mandataire général de M. le comte de Chambord. **Suppression des mansardes côté Ouest et rétabli les terrasses, la grande balustrade au donjon, remis châssis aux volets, etc.**

fils (1), de Paris, élèves de Le Soufaché, architectes depuis 1881, du château et du domaine de Chambord, chargés par M. le comte de Chambord de la restauration du château dont ce dernier avait voulu adopter et porter le nom.

Au vieux lanterneau ainsi rétabli, on remarque des difformités dans les ressauts de la frise qui ne correspondent pas tous à l'aplomb des colonnes. Il existe en plusieurs points des défauts analogues qui ne peuvent être attribués qu'à la précipitation de l'exécution première : en effet, on sait que François Ier était impatient de jouir de son château.

La voiture-bateau, qui a appartenu au général comte de Larochejaquelein, qui sert actuellement pour les chasses à courre.

On monte au deuxième étage. — Remarquer l'escalier qui, maintenant, s'harmonise mieux avec la richesse et la décoration des voûtes, partagées en caissons, sur lesquels sont sculptés alternativement des **Salamandres** et des **F** *couronnés*, encadrés dans une cordelière à nœuds serrés. La partie de la salle des gardes Nord était le théâtre du château. Ce fut pendant le séjour de la Cour de Louis XIV, en 1669, que la troupe de Molière, représenta pour la première fois, la comédie de *Pourceaugnac* (2).

(1) Consulter leur intéressante Notice sur les travaux de restauration (1882-1891), Impr Firmin-Didot (1891).

(2) Le spectacle promis, le rideau levé, *Pourceaugnac* est arrêté par une indisposition subite de Molière. Lulli se fait proposer pour remplir ce rôle à l'instant, afin que le roi ne soit point privé du plaisir qu'il s'était promis ; l'offre est acceptée. Lulli joue avec beaucoup

Le *Bourgeois Gentilhomme* fut également joué, pour la première fois, à Chambord, le 14 Octobre 1670. Le chevalier d'ARVIEUX, qui avait été envoyé extraordinaire dans le Levant, fut chargé de diriger la partie des costumes. Cette fois encore le roi était morose, il ne se décida à féliciter Molière qu'après la seconde représentation.

Dans une salle de la tour *Henri II* on va installer un musée de chasse.

Montons au-dessus des voûtes, nous voici sur les **Terrasses;** là s'arrête la double rampe de l'escalier et commence le couronnement, de forme pyramidale, ayant trente-deux mètres de hauteur et du plus grand effet. Ce couronnement, appelé la **lanterne** consiste en huit arcades accompagnées de colonnes et pilastres d'environ huit mètres de haut, formant une colonnade, qui supporte une ordonnance plus élevée décorée d'une balustrade et se composant de huit contre-forts dont les amortissements sont ornés de **F** et de **Salamandres**

---

d'esprit et de vivacité, ne perdant pas de vue son spectateur essentiel ; mais il voit avec peine que ses lazzi, ses facéties, ses charges mêmes ne dérident pas le front de Jupiter. Il commençait à désespérer, quand arriva la scène des apothicaires. Pourceaugnac, harcelé, ne songeait point aux seringues qui le menaçaient, il courait, dansait, gambadait : Louis ne riait point.

Pour obtenir enfin ce sourire si désiré, Lulli remonte la scène, descend avec rapidité, prend son élan et saute à pieds joints au milieu du clavecin de l'orchestre, le brise en mille pièces, au risque de se casser les jambes ; l'instrument vole en éclats et fait en ce moment plus de bruit qu'il n'en avait jamais fait. Lulli disparait dans l'abime, sa chute est un triomphe. Accroupi sur les décombres harmonieux, le malin bouffon a vu le roi partir d'un bruyant éclat de rire et applaudir de toutes ses forces. Lulli revient par le trou du souffleur, et continue sa course au milieu des transports de l'Assemblée, toujours attentive, fidèle à suivre le commandement de son chef de file. (CASTIL-BLAZE).

gigantesques. Ces arcs-boutants soutiennent la continuation du noyau à jour du grand escalier dans lequel en circule un autre, plus petit, à une seule rampe, depuis le niveau des terrasses et qui conduit à un belvédère surmonté d'un campanile, le tout d'une grande richesse de détails (1). La **lanterne** est couronnée par une fleur de *lys* colossale en pierre, qui n'a pas moins de deux mètres de haut.

Il faut monter au belvédère pour bien se rendre compte de l'ensemble du château ; *François Ier* s'y tenait souvent en admiration devant sa majestueuse demeure.

En témoignage de la reconnaissance des Artistes français, aux dignes Neveux de M. le Comte de Chambord, MM. DESBOIS, père et fils, architectes du château, ont fait graver autour de la coupole du belvédère l'inscription suivante :

LL. AA. RR. ROBERT DE BOURBON, Duc de Parme,
HENRI DE BOURBON, Prince de Parme,
INFANTS D'ESPAGNE,
ONT FAIT RESTAURER CE MONUMENT.
1891-1892

C'est sur les **terrasses** qu'on peut observer le luxe de la décoration, la partie la plus remarquable où l'architecte a épuisé tous les prestiges de son art. C'est sur ce point difficile à traiter qu'il s'est plu à répandre

(1) Cet escalier est condamné depuis peu de temps, mais on peut le visiter muni d'une autorisation de l'administration.

tous les trésors de son imagination. Les cheminées sont ici de véritables monuments, où l'on remarque les dessins les plus fantastiques. Quel contraste entre cette partie de l'édifice surtout, du couronnement du **donjon** et de la coupole du grand escalier qui sont une des pièces capitales de l'architecture civile de la *Renaissance*, avec la sobriété de l'ornementation des étages inférieurs qui rappellent le *donjon féodal*.

Tournons à droite, aile Nord et dirigeons-nous du côté de l'aile *François I*er : remarquer la lucarne et la cheminée de sa chambre à son chiffre couronné **F R** (François Ier roi de France) ; tournons toujours, on s'avance du côté Sud : remarquer l'escalier *François I*er avec ses cariatides et ses sculptures.

Nous voici à la façade méridionale, on voit à gauche la **Place d'Armes,** les ruines des **casernes** du maréchal de Saxe.

Les communs ont été recouverts de mansardes par Louis XIV : cette partie va être restaurée prochainement et sera remise en terrasses.

Tournons toujours sur les **terrasses** à droite ; nous voici, à l'Ouest, en face la partie des communs où les mansardes ont été heureusement enlevées.

Le pavillon **Henri II**, dont la cage d'escalier est ornée dans le bas des **Salamandres** de François Ier, dans le haut de **H** de Henri II et du **C,** croissant avec couronne de Diane de Poitiers. A côté de cette cage d'escalier, une fenêtre, la seule du château, mais beaucoup moins belle que les autres, porte les armes du *Roi-Soleil*.

Le *Croissant* était la devise de Henri II, devise probablement à double entente, car il rappelait le prénom de la duchesse de Valentinois, officiellement : *Donec totum impleat orbem* (1) était la devise du roi.

Redescendons l'escalier double en jetant un coup d'œil sur les admirables chapiteaux, dont le nombre dépasse 800, répandus dans tout le château et dont les sculptures sont, depuis que la Révolution l'a dévasté, les seuls détails, sauf les quelques pièces que nous allons visiter à l'intérieur.

Le château de Chambord était jadis, avant la tourmente de 1793, décoré somptueusement de tapisseries, meubles et peintures, parmi lesquelles on admirait surtout de belles fresques de la main de Jean Cousin et une collection de savants grecs réfugiés en Italie après la prise de Constantinople.

Remarquons dans la **salle de Billard** du *maréchal de Saxe* le superbe calorifère, avec de beaux dessins en faïence de Saxe.

Prendre la galerie à droite, on traverse la galerie Henri II qui fait communiquer le **donjon** à la **Chapelle,** qui se trouve dans la tour de l'Ouest.

(1) « Jusqu'à ce qu'elle (la lune) remplisse son *orbe* tout entier. » Par allusion à la lune, devenant de simple croissant un disque complet. Henri II voulait dire que sa renommée irait en croissant jusqu'à ce qu'elle remplit le monde. La légende de l'Ordre du Croissant, fondé par René d'Anjou est le mot *Los*, ce qui signifiait (honneur, gloire) en croissant.

LA TERRASSE (LUCARNE ET CHEMINÉE)

La Chapelle et les Appartements de François Ier

∴ ∴ ∴

La **Chapelle** fut construite jusqu'à la hauteur des colonnes par François Ier, les *Salamandres*, sculptées sur leurs chapiteaux attestent de ce fait et terminée par Henri II ; en effet, on remarque des *Croissants* sur les chapitaux des pilastres qui forment la seconde ordonnance de la décoration de la chapelle. Cette pièce, d'une noble simplicité, est dans un état de conservation admirable ; sa voûte à plein cintre est soutenue par des arcs-doubleaux, dont les retombées portent sur des colonnes accouplées, appuyées aux murailles ; la tribune est de Stanislas Leczinski, roi de Pologne ; remarquer au milieu de la tribune une broderie faite par Mme Royale, fille de Louis XVI, dans sa captivité au Temple

On passe ensuite **dans les grands appartements de François Ier**, transformés par *Louis XIV*.

On y voit :

Première Pièce : **Salle à manger.** – Une table en

pierre de Liais, où fut embaumé le maréchal de Saxe, buste du *maréchal de Saxe*. Tableaux : *Louis XIV présentant Philippe V* aux *Grands d'Espagne*, *Louis XIV* et le *Dauphin* visitant le champ de bataille de Fontenoy (Bertrand), *Racine* (Largillière), *Mlle de Blois* en *Diane chasseresse*, *Louis XIV* au passage du Rhin, *Christine*, reine de Suède, *Michel de Lhôpital* grand chancelier, médaillon *comte Larochejaquelein*, *Gaston d'Orléans*. Le *Grand Condé*, *François Ier* au-dessous *Louis XIII* (Jacques Callot), *Turenne*, *Mme de Maintenon*, *Venise* un jour de fête, *Mme la comtesse de La Fayette ;* sur la cheminée, statue équestre de *François Ier*, *Chambord*, avant les mansardes, *Louis XIV* à Maëstricht, médaillon du *comte de Quatrebarbe*, au-dessous une panoplie d'Armentières, buste de *Louis XVIII*. Au milieu de la pièce : un musée en miniature de pièces d'artillerie données au *comte de Chambord*, enfant, pour son instruction militaire ; au milieu de ce parc d'artillerie remarquer la statue de *Louis XIV*, en empereur Romain. La grille qui entoure ce musée a été faite par *Maurice de Saxe*.

DEUXIÈME PIÈCE : **Salon.** — Tableaux : *Monseigneur le Comte de Chambord* à cheval, à l'âge de 33 ans, *Reine Marie-Thérèse* femme de Louis XIV, *Duc d'Angoulême*, *Charles X*, *Louis XVI*, *François-Louis de Bourbon* prince de Conti, *Henri IV*, *Philippe V* roi d'Espagne, duc de *Bourgogne*, *Charles de Saint-Maur* duc de Montauzier, *Anne d'Autriche* reine de France, *Louvois* ; sur la cheminée Louis XIV, deux vases de Sèvres ; au milieu du Salon, statue à pied de *Mme Élisabeth* (La Reine.., c'est moi, 20 juin 1792).

TROISIÈME PIÈCE : **Chambre à coucher** de Louis XIV, où mourut le maréchal de Saxe, magnifiques panneaux et dessus de portes en bois, cheminée en glaces de Venise. Tableaux : *Louis XIV* enfant ; sur une cheminée en marbre style Louis XIV, portrait de *Marie de Médicis ;* ensuite *Henri II*, statue *Henri IV* enfant, buste du duc de *Berry*, tableau, maréchal de *Gassion*, buste de *Charles X*, tableau représentant *Louis XIV* à la tête de son état-major, par VAN DER MEULEN, buste *Louis XVIII*, tableau du duc *Henri d'Orléans* duc de Longueville, buste du comte de *Chambord* enfant, tableau, *Henri III*, par CLOUÉ, *Marie Leczinska* femme de Louis XV, par VANLOO, *Henri IV*, *Marie Leczinska ;* au milieu de la chambre, bronze du *comte de Chambord*.

Tournons une petite galerie extérieure : nous voilà dans une pièce habitée par le roi de Pologne où on remarque un lit (style Henri II) et des tapisseries à la main offertes au comte de Chambord (1879), par les dames du Poitou.

On prend la galerie **François Ier** à l'extrémité de laquelle se trouve le **cabinet de travail de François Ier**, transformé en oratoire par la reine de Pologne, la voûte est ornée de caissons semblables à ceux des salles des gardes du 2e étage, mais dans une petite dimension. Cet oratoire est une des parties les plus élégantes de l'édifice : il a malheureusement trop souffert de l'humidité et du badigeon ; on y remarque une porte antique et les panneaux avec les **Salamandres** et l'**F** de François Ier. C'est en compagnie de sa sœur, la reine de Navarre, *sa Marguerite des Marguerites* que le roi, dans un mouvement d'humeur sombre, se rappelant le temps où ses succès auprès des femmes étaient plus sûrs et plus durables, qu'il écrivit sur un vitrail, avec la pointe d'un diamant qu'il portait à son doigt, le fameux distique :

Souvent femme varie,
Mal habil qui s'y fie.

Louis XIV, pour plaire à Mme de La Vallière, dans une disposition d'esprit différente, parce qu'il était alors jeune et heureux, brisa le souvenir du vieux roi désabusé de tout, même de l'amour (1).

Voici un autre variante poétique de la boutade royale ; elle termine un couplet de chanson dont les paroles et la musique sont de François Ier :

Qui veult tout son service perdre,
Vieil homme, enfant ou femme serve :
L'homme se meurt, l'enfant oublie,
En tout propos femme varie (2).

(1) L'on y voit (à Chambord) dit Bernier, médecin ordinaire de Madame, dans un cabinet joignant la chapelle, cette rime, que je prends pour le fruit de quelque dépit amoureux, écrite sur un carreau de vitre, avec un diamant, de la propre main de ce prince.

(2) Bibliothèque de Diane de Poitiers, 1552, 1 vol. in-8°, n° 389, de la vente E. Bouble.

Appartements des Grands Seigneurs de la Cour

AVANT de terminer la visite du château, revenons au **donjon** pour se rendre ensuite aux appartements des **grands seigneurs de la Cour;** dans la salle du **Conseil de Louis XIV** on remarque deux belles tentures offertes par les dames du Limousin; au-dessus de la cheminée, jolie tapisserie (vœu de *Louis XIII*) et un siège royal offert en 1875. Le public n'étant pas admis à visiter les combles, nous en signalerons toutefois la savante et forte structure; les charpentes des grands combles offrent à l'architecte les plus beaux modèles, les plus beaux types que les corporations professionnelles, très instruites et admirablement constituées au XVIe siècle, ont produit de plus parfait, de plus durable en charpenterie.

La charpente conique de la **tour Robert** est toute en chêne, à vives arêtes, composée de chevrons de fort équarrissage faisant fermes; cette charpente rappelle celle des chefs-d'œuvres des ouvriers de Paris.

Le nombre des pièces que contient le château s'élève à 440, toutes à cheminées, selon le luxe du temps; treize grands escaliers règnent de fond en comble sur divers points de l'édifice et une quantité d'autres petits prenant à différentes hauteurs ou circulant dans l'épaisseur des murailles.

Tout l'édifice est construit en pierres de taille tendres, tirées presque toutes des coteaux du Cher, près de Bourré, dont elles portent le nom. Elles ont conservé leur blancheur, sur laquelle tranche le bleu des médaillons et losanges d'ardoises, employés dans les combles du monument. Plusieurs chapiteaux, corniches et marches d'escaliers sont en pierre de Liais et d'Apremont.

Sortons de la **Cour d'honneur** par l'**Entrée Royale**, jetons un coup d'œil sur la grille et les piliers en pierre de la porte des jardins dits du *Roi de Pologne*, côté des casernes, exécutés en 1892.

Allons maintenant sur le *monticule* en passant par l'**Église** vers la grande **pelouse.** La façade Sud du château apparaît magnifique. L'entrée Nord était grandiose surtout avant que le *roi de Pologne* ne fit combler les fossés et détruire les jardins.

Dans le parc, de l'autre côté de la rivière du Cosson, visiter la jolie faisanderie installée en 1889 où l'on élève un millier de faisans par an.

Là s'arrête la visite de Chambord.

RETOUR DE CHAMBORD

∵ ∵ ∵

MAINTENANT nous pouvons revenir de **Chambord** par *La Chaussée-le-Comte*, hameau de la commune de Huisseau-sur-Cosson, nous trouvons le château de **Saumery,** d'une construction très élevée contenant d'intéressantes archives de famille ; à droite, une petite pyramide élevée à la mémoire des Français morts en cet endroit pour la Patrie en 1870. On passe ensuite à *Huisseau-sur-Cosson* (1.510 habitants), à *Nanteuil*, d'où l'on aperçoit le viaduc de Romorantin ; à gauche, le joli château des *Crotteaux* :

∵ ∵ ∵

Le Château des Crotteaux est un joli château construit au commencement du XVIIe siècle ; il fut la propriété de *Guillaume Ribier*, conseiller aux

États de Blois (1614), et serviteur dévoué de Catherine de Médicis. On y remarque de belles tapisseries de Flandre et plusieurs meubles provenant du château de Chambord. On y lit des devises, une invocation à Bacchus et le proverbe : *Pas de roses sans épines*, etc.

(S'adresser au propriétaire pour visiter).

∵ ∵ ∵

Nous voici à *Vineuil* (2,000 habitants) ; plus loin, à droite, les *Ponts-Chartrains*, restes d'un viaduc attribué aux Romains ; enfin, à gauche, *Saint-Gervais*, réputé par sa crème et ses fromages, l'avenue Saint-Gervais, et nous voilà à Blois.

Clichés de G. HAMELIN succr de S. MIEUSEMENT, photographe-éditeur à Blois.

BLOIS, IMPRIMERIE CENTRALE, 13, RUE DENIS-PAPIN.

www.ingramcontent.com/pod-product-compliance
Lightning Source LLC
LaVergne TN
LVHW020250230826
846091LV00006B/2333